LE FRUIT DU TRAVAIL
COURS COMPLET
de tous les genres d'Écritures usités en France.
DÉDIÉ A SES ÉLÈVES
PAR
A. BERLINER,
Professeur de Calligraphie
à
STRASBOURG
Breveté du Roi pour sa méthode d'enseignement
Inventeur du Plastron orthopédique
Lithographie
DE Fis BERGER-LEVRAULT & FILS
4e Partie.
Gothique

AVANT-PROPOS.

Il serait tout à fait superflu de vouloir relever l'importance de l'*art de l'écriture*, il n'est aujourd'hui personne qui n'en soit convaincu, et l'on ne trouverait pas plus de savant qui crût augmenter son mérite par la difficulté d'être lu, que de grand seigneur qui s'enorgueillît de ne pas savoir signer son nom. Les soins qui de toute part sont donnés à l'instruction, diminuent chaque jour le nombre des jeunes gens illettrés, et les renseignements sur la levée des jeunes soldats prouvent que, s'il s'en présente encore qui ne sachent pas écrire, le nombre en devient moindre chaque année.

Une écriture lisible et régulière est d'une nécessité absolue dans toutes les conditions de la vie, mais il est des positions nombreuses où elle est insuffisante; le perfectionnement vers lequel tendent toutes les branches de l'enseignement, devait nécessairement atteindre l'écriture; aussi l'élégance que l'on exige aujourd'hui d'elle, se trouve exprimée par le mot de *calligraphie* [1], que l'on a composé exprès. Les études des écoles spéciales n'exigent pas moins la pratique d'une belle écriture, que la méditation des sciences exactes, et les travaux graphiques que l'on demande à tout concurrent, ne seraient-ils pas dépréciés par un titre et une légende mal écrits?

---

1. Belle écriture; dérivé du grec.

D'autres carrières réclament encore avec plus de rigueur la beauté de l'écriture: les bureaux de toutes les administrations, ceux du commerce ne la recherchent-ils pas avec le plus grand soin? et un jeune homme écrivant avec correction et élégance, est assuré de ne pas tarder à y trouver un emploi convenable et proportionné aux autres connaissances qu'il possède.

Les dames ne sont pas restées en arrière des progrès de l'écriture, et outre les avantages nombreux qu'elles ont trouvé à écrire bien et correctement tout ce qui est relatif à leur domaine spécial de l'économie domestique, leur tact délicat leur a fait vite apprécier combien une correspondance écrite avec élégance gagnait à être tracée en caractères gracieux.

Il est donc du devoir autant que de l'intérêt des pères de famille de ne pas laisser négliger à leurs enfants cette partie importante de l'éducation; il faut qu'ils se persuadent qu'à leur entrée dans le monde, l'élégance de la calligraphie sera pour leurs écrits un passe-port aussi favorable que les bonnes manières et le savoir-vivre en seront un pour leur personne.

En publiant notre *Cours complet d'écritures*, nous avons eu l'intention d'offrir à chacun les moyens d'acquérir, dans l'art de la calligraphie, l'étendue de connaissances dont il aurait besoin, selon sa position. Les écritures française et anglaise sont destinées à tout le monde ; la ronde devient un besoin dès qu'on doit faire ressortir certaines parties de ce que l'on écrit : les écritures titulaires, gothiques, romaines, etc., ont des emplois spéciaux ; elles seront étudiées par les personnes dont les travaux auront besoin d'être rehaussés par des titres variés et élégants.

La meilleure démonstration se trouvant dans les modèles eux-mêmes, je ne crois pas devoir entrer dans de longues explications à cet égard ; je me borne à exposer quelques préceptes généraux dont l'observation rendra l'exécution plus facile et accélérera les progrès.

POSITION DU CORPS. (Pl. A.)

La position du corps en écrivant est de la plus haute importance, non-seulement pour l'écriture, mais aussi pour la santé, qui peut éprouver de graves atteintes par suite d'une mauvaise position habituelle, et je crois ne pouvoir mieux les faire apprécier, qu'en donnant ici l'extrait d'un rapport sur le plastron orthopédique, que j'ai inventé il y a quelques années, et dont l'usage obtient constamment les plus heureux succès. [1]

La note sur le *plastron orthopédique* fait voir que, pour être convenablement posé, le corps doit être droit, sans roideur ; les bras légèrement appuyés sur la table et séparés du corps : le droit perpendiculairement au bord de la table, le gauche transversalement, la main appuyée sur le papier. La planche A représente parfaitement cette position.

TENUE DE LA PLUME. (Pl. B.)

Le bras droit étant dans la position indiquée ci-dessus, la plume doit être tenue légèrement entre le pouce, l'index et le doigt majeur ; l'annulaire et le petit doigt pliés et posant sur le papier. Cette position de

---

1. BREVET D'INVENTION. — PLASTRON ORTHOPÉDIQUE *pour empêcher les attitudes vicieuses du corps et le maintenir dans sa véritable position pour bien écrire, par* ARNAULD BERLINER, *professeur de calligraphie à Strasbourg.*

Approuvé par le Comité consultatif de Paris et par la Société des sciences, agriculture et arts du Bas-Rhin (section de médecine).

Cet instrument, qui a réuni en sa faveur les suffrages des médecins, des pères de famille et des maîtres et maîtresses de pensions, met enfin un terme aux longues recherches faites dans le but de prévenir les mauvaises positions du corps, que l'on n'est que trop sujet à contracter en écrivant. Cette position, outre qu'elle est disgracieuse et qu'elle rend la main moins sûre et moins légère pour l'écriture, peut encore avoir des suites funestes pour la santé. Effectivement, la plupart des personnes, en écrivant, ont l'habitude de courber leur corps en avant et d'appuyer fortement la partie antérieure de la poitrine sur le bord de la table. Cette attitude a l'inconvénient bien grave de gêner, par la compression de la poitrine et du ventre, la respiration et la circulation. Des éblouissements, des vertiges, des violentes palpitations du cœur, peuvent résulter de cette position, quand elle est prolongée et qu'elle devient habituelle, et il n'est pas sans exemple que les enfants qui se tiennent mal en écrivant, aient fait contracter soit à l'épaule, soit à la colonne vertébrale une déviation incurable.

Le plastron orthopédique, à l'aide d'une simple feuille ou dessin qui l'accompagne, obvie à tous ces inconvénients : il a l'avantage incontestable que chacun peut rectifier lui-même sa position, sans le secours d'un maître et sans efforts ; enfin, la position de la tête, du corps, des bras et de la main : tout est si facile, qu'un enfant de six ans s'en sert aussi aisément qu'une grande personne.

la main assure tous les mouvements des doigts pour faire tracer à la plume les pleins ou les déliés, selon la direction qu'on lui fait prendre. Cette position du bras et de la main est uniforme pour toutes les écritures à pente oblique, *française, anglaise, allemande*. Pour les écritures droites, *ronde* et *gothique*, le coude droit doit être plus éloigné du corps, ce qui place la main de manière à tracer facilement les traits perpendiculaires.

TAILLE DE LA PLUME. (Pl. C.)

Le canif le plus commode pour la taille de la plume, est celui dont la lame, légèrement courbée du côté du tranchant, est terminée en pointe; le manche doit être d'une dimension convenable, pour être tenu solidement dans la main, et finir par une pointe destinée à fendre la plume.

Notre planche C présente très-exactement la marche de la taille; la *plume achevée* qu'elle donne, est celle qu'il faut pour l'écriture fine an-

glaise et allemande et l'expédiée française. La coupe du bec éprouve pour les autres écritures les variations suivantes :

Pour la grande anglaise, la partie droite du bec (du côté des doigts) doit être légèrement plus longue que la partie gauche, pour servir à tracer les déliés en remontant, et à former les pleins en descendant, au moyen d'une faible pression, qui fait ouvrir le bec de la plume.

Pour les autres écritures, la partie gauche du bec (du côté du pouce) doit être plus large que la partie droite, et le bec doit être coupé un peu obliquement, de manière à offrir à gauche un angle aigu, qui sert à tracer les déliés ou liaisons: cette taille est représentée par les plumes dessinées sur le titre des écritures françaises.

MANIEMENT ET EFFETS DE LA PLUME. (Pl. 1.)

La plume, taillée d'après les principes que nous venons d'indiquer, pro-

---

MANIÈRE DE SE SERVIR DU PLASTRON ORTHOPÉDIQUE.

La position du corps la plus convenable et la plus gracieuse pour écrire et pour ne pas contracter des *habitudes* nuisibles à la santé, est celle qui procure l'aisance dans la position des membres et qui facilite le mouvement des bras, de la main et des doigts.

Avec le plastron on peut infailliblement y parvenir. La table et le siége étant bien proportionnés, mettez la feuille avec le dessin horizontalement au bord de la table où vous voulez vous placer; adaptez le plastron au moyen de la grande vis à l'endroit où est marqué *centre du corps*; au moyen d'un ressort et par la petite vis, vous pouvez faire hausser et baisser le plastron, afin de donner le degré que vous jugerez à propos pour arrêter l'inclinaison du corps; il enveloppe la poitrine en lui offrant l'appui qu'elle cherche ordinairement contre la table. Une *mentonnière*, susceptible également d'être élevée ou

baissée, reçoit le menton, dans le cas où l'élève aurait l'habitude de trop pencher la tète vers le papier. Placez le bras gauche à la figure A, le cahier à la figure B et le bras droit à la figure C, et vous êtes dans la véritable position. Les pieds seront placés devant le corps, sans être trop tendus ni croisés; le droit sera placé verticalement et le gauche un peu plus avancé.

Après être resté quelque temps dans cette position, on descendra par degré le plastron, et on finira par l'ôter tout à fait, en laissant encore quelque temps le dessin, qu'on retirera également lorsqu'on sera affermi dans la bonne position, de laquelle on ne s'écartera plus; car, au fond, la position n'est qu'une habitude.

Je recommande particulièrement aux élèves de conserver le plastron non-seulement pendant les leçons d'écriture, mais encore de s'en servir chaque fois qu'ils voudront écrire.

Le plastron orthopédique se trouve à Strasbourg chez M. A. Berliner, *rue Brûlée, n.° 2.*

duit; selon le mouvement du pouce, des traits différents, que l'on nomme *effets de plume*; ce sont *le délié*, trait fin et léger, que l'on obtient d'un angle du bec, et *le plein*, trait fort produit par le bec entier, descendant avec une pression plus ou moins forte, suivant la nature de l'écriture. Les pleins n'augmentent ni ne diminuent de grosseur, tant qu'ils sont directs; mais ils diminuent et se terminent en délié dans les courbes inférieures, comme ils ont commencé par le délié, allant en grossissant, pour les courbes supérieures. Les courbes, qui forment les lettres *o*, *c*, *e*, *a*, *t*, *u*, s'obtiennent par l'emploi alternatif du plein et du délié. — Tous ces effets de plumes se trouvent démontrés dans la planche 1.

Les mêmes moyens s'appliquent à la formation de toutes les autres lettres, quelle que soit leur dimension.

DIMENSION DES LETTRES. (Pl. 2.)

On distingue trois dimensions de lettres; savoir : LETTRES MINEURES, ou d'un corps, telles que *a*, *c*, *e*, *i*, *m*, etc.; LETTRES MONTANTES, ou à tête, telles que *b*, *d*; LETTRES DESCENDANTES, ou à queue, telles que *g*, *p*; la lettre *f* est à tête et à queue. La tête d'une lettre s'élève d'un corps au-dessus de celui de la lettre mineure, et la queue descend d'un corps au-dessous. Le *t* n'a qu'un demi-corps au-dessus. Les têtes et les queues sont augmentées d'un demi-corps lorsqu'elles sont à boucle, comme l'indique la planche 2 de l'écriture anglaise.

La figure qui se trouve au commencement de la première ligne de nos planches 1 et 2, démontre ce que l'on entend par corps, tant de hauteur que de largeur; ce dernier sert à déterminer les distances entre les lettres et les parties de lettres. Cette figure explique également la pente.

PRINCIPALES DISTANCES. (Pl. 3.)

La distance entre deux pleins appartenant à une même lettre ou à des lettres différentes, est d'un corps; d'un plein à une courbe ou d'une courbe à un plein, elle est également d'un corps; entre deux courbes, un demi-corps, ainsi que de la tête du *c* ou de l'*e*, au plein suivant; la liaison partant de la courbe inférieure de la lettre qui précède un *s*, doit être portée à deux corps de distance. Dans l'anglaise, entre deux pleins terminés et commençants par une courbe, un corps et demi. Entre les mots, la distance est de deux corps, elle est de trois corps entre les lignes.

Ces préceptes généraux suffiront, je pense, à toute personne intelligente, pour exécuter d'une manière satisfaisante les diverses écritures de notre Cours, en y procédant graduellement, et en ne passant à un modèle nouveau qu'après avoir réussi à bien exécuter celui qu'on tient; cette observation est surtout importante pour les principes qui sont classés d'après la difficulté de l'exécution.

STRASBOURG, imprimerie de V.ᵉ BERGER-LEVRAULT.

LES GOTHIQUES
Anciennes & Modernes,
LES
ROMAINES & ITALIQUES
en relief, fleuronnées, arabesques &c &c.
PAR
A. BERLINER
Rue des Juifs, 26.
Lith. de Vve Berger-Levrault & fils.
Professeur de Calligraphie à Strasbourg.
DÉDIÉ A SES ÉLÈVES.

Dessiné par A. Berliner.

Lith. de V.e Berger-Levrault et fils à Strasbg.

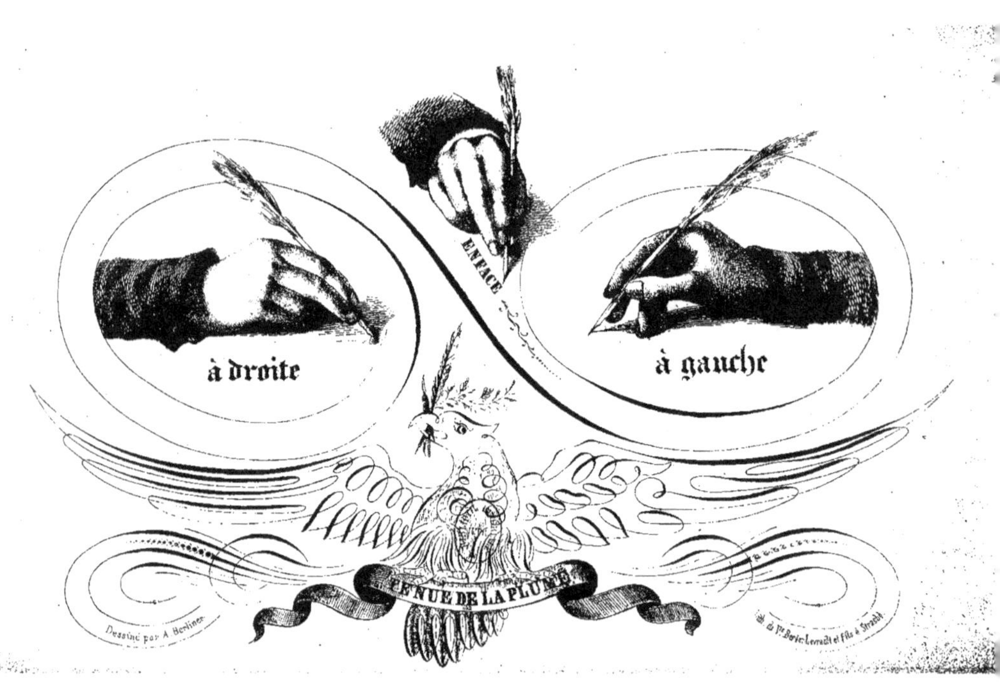

à droite
EN FACE
à gauche
LE NUE DE LA PLUME.
Dessiné par A. Berliner
lith. de Ve. Berie-Levrault et fils à Strasb.

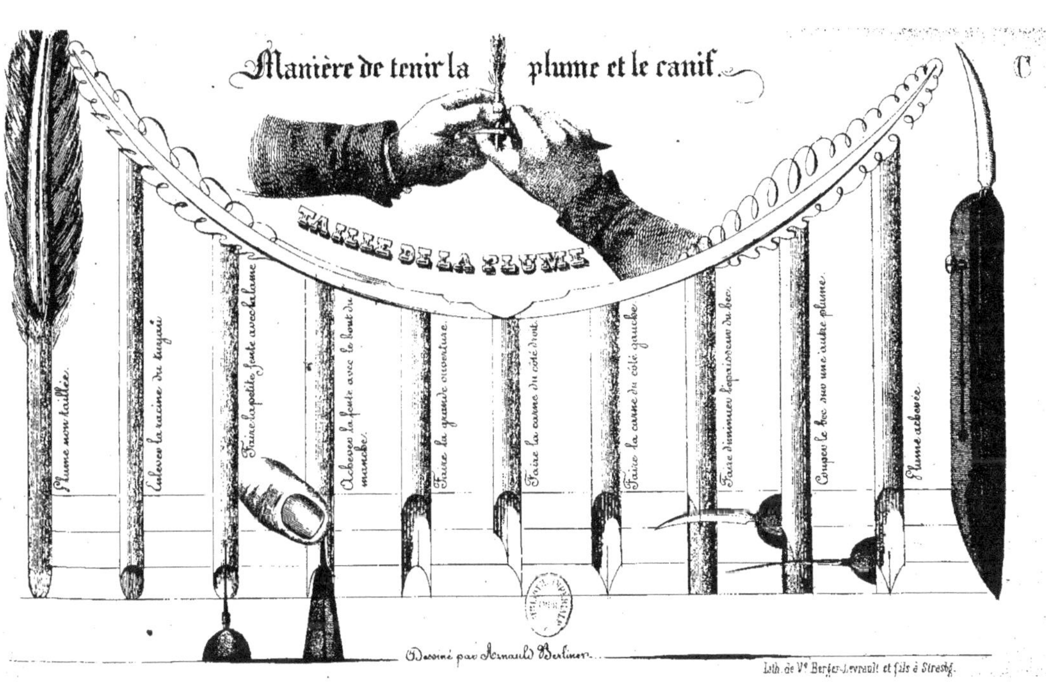

Manière de tenir la plume et le canif.
TAILLE DE LA PLUME
Plume non taillée.
Enlever la racine du tuyau.
Faire la petite fente avec le canif.
Achever la fente avec le bout du manche.
Faire la grande ouverture.
Faire la canne du côté droit.
Faire la canne du côté gauche.
Faire l'épaisseur supérieure du bec.
Couper le bec sur une autre plume.
Plume achevée.
Dessiné par Arnauld Berliner.
Lith. de V.e Berger-Levrault et fils à Strasbg.

Principes de la gothique anglaise.

urx. un. mnu. vw. oo. ee.

ss. mon. une. même. aa.

tout loi. bon. heure. ki. doit.

jour. gras. qui pour. yeux.

Gothique Anglaise.

A B C D E F G H I K L M N

a b c d e f ff g h i j k l m n o p q r s t u v w x y z

O P Q R S T U V W X Y Z

Adam Benoit Côme David.

Eve Faust Godart Henriet.

Job Kern Léon Marie Noé

Arnauld Berliner.

Orthographe Paris Quadrige.

Rome Suisse Théorie Union.

Vérité Vivre Worms Vienne.

Xavier Yorck Y. Zimmer Zoe.

A. Berluer.   Lith. de V.ᵉ Berger-Levrault & Fils à Strasbourg.

Favorisons les arts

La science est un bien

N'oublions pas le mérite.

A. Berliner.

Lith. de Vᵉ Berger-Levrault & fils à Strasbourg.

Man genießt nur einmal das Vergnügen sich zu rächen, aber der Gedanke sich nicht gerächt zu haben ist ein ewiger GENUSZ.

Man hat immer Verstand genug, seinen Leidenschaften zu gehorchen und sie zu rechtfertigen, aber selten genug sie zu bekämpfen, und zu mässigen.

A. Berliner.

Gothique moderne dite Fracture.

aa bb cc dd ee ff gg kh ij.

kk ll mm n oo pp qq rs

tt u vv ww x ry yz zz.

Berger Levrault & fils à Strasbourg.

Exercices

meine. reiner. vater. amen

waaren. seines. curiren.

danken. hände. berühmt

jugend. gründe. peinigen.

Gothique moderne Fracture

1234567890.

A. Berliner.
Lith. de V.ve Berger-Levrault & Fils à Strasbourg

Honorons nos Parens.

Soyons reconnaissans

Conservons nos amis.

A. Berhuer.

Lith. de Vve Berger-Levrault & fils à Strasbourg.

Des hommes inquiets

et tremblants pour les plus petits
intérêts, affectent de braver la

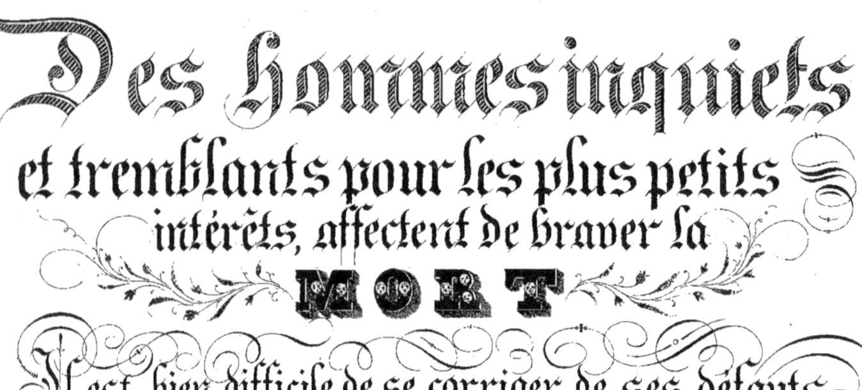

Il est bien difficile de se corriger de ses défauts

lorsqu'ils sont soutenus par la bonne fortune.

On croit toujours avoir raison lorsqu'on est riche.

Ancienne Fracture allemande

Arnold Berliner

Lith. de V.ᵉ Berger-Levrault & fils à Strasbourg.

Italienische Kirchenschrift.

A B C D E F G H I K L M N

O P Q R S T U V W X Y Z

A B C D E F G H I K L M N

O P Q R S T U V W X Y Z

abcddefffghijklmnopqrꝛſſtsuvwxyz.

H B C D E F G H J K L M N

O P Q R S T U V W X Y Z

Anfangsbuchstaben nach Albrecht Dürer.

A B C D E F G H J K L M N

O P Q R S T U V W X Y Z

a b c d e f g h i j k l m n o p q r s t u v w x y z ſſ

Kanzleischrift stehender Art.

A B C D E F F G H I

K L M N O P Q R

S T U V W X Y Z

a b c d e f g h i j k l m n o p q r s t u v w x y z

An der Frucht erkennt man den Baum. 1234567.

A. Barbier.

Lith. de Vve Berger-Levrault & Fils à Strasbg.

Kanzley-Schrift liegender Art.

A B C D E F G H I J K L
M N O P Q R S T U V W X Y Z

a b c d e f g h i j k l m n o p q r s t u v w x y z

Sey gerecht, sey wahr, bleibe deiner würdig, dann werden
weder die Menschen, noch das Schicksal dich niederbeugen.

ABCDEFGHIJKLMN;?

abcdefghijklmnopqrstuvxyz&c.

OPQRSTUVWXYZ&,!

I.II.III.IV.V. VI.VII.VIII.IX.XXX.XL. L.C. D. MVIIIXLII

ROMAINE PENCHÉE
ou Italique
ABCDEFGHIJKLMN;?
abcdefghijklmnopqrstuvwxyz&
OPQRSTUVWXYZ&,!
1234567890.

A B C D E F G H I J K L M N

O P Q R S T U V W X Y Z

a b c d e f g h i j k l m n o p q r ſ s t u v w x y z

UNION ET PATRIE

A. Berluse   Lith. de V.ᵉ Berger-Levrault & Fils à Strasbourg.

FÜR

Fürsten und Völker

gibt's nur Eine Tugend die alle übrigen in sich schliesst

sie heisst

GERECHTIGKEIT

A. Bösener.   Lith. de Vve Berger, Levrault & Klein, Strasbg.

Ronde

Lors de la découverte du nouveau monde, les Américains qui ignoraient absolumt l'art de l'écriture, le trouvèrent si merveilleux qu'en voyant lire dans un livre, ils s'imaginèrent d'abord que le papier parlait
1 2 3 3 4 5 6 7 8 9 0 1842.

Anglaise.

Nous sommes de notre nature portés au changement; nous aimons même naturellement ce que nous ne connaissons pas, abandonnant souvent le certain pour courir à l'incertain
1 2 3 3 4 4 5 6 7 8 8 9 0

A. BERLINER

Française.

On devrait imiter Titus, qui tous les soirs réfléchissait sur ses actions de la journée, et quand il se trouvait n'avoir rien fait d'utile, chose qui lui arrivait rarement, il écrivait sur ses tablettes
J'ai perdu ma journée

Allemande.

1850	75
24600	20
1233	40
78800	
4699	20
12345	60
2309	..
7880	15
40609	20
6000	75
27706	00
4260	25
16006	70
1118	85
39240	10
122	25
6629	..
770	80
16000	15
4600	30
4022	80
19975	30
320796	75

5334	50
175	15
2238	60
550	25
6400	13
8955	25
160	10
1409	55
861	30
4000	15
6715	20
530	50
7449	30
1234	55
165	70
5789	10
220	20
6000	..
244	40
367	5
900	20
799	90
60501	00